HANDPUPPEN

fürs Kasperletheater

Wybke Murmann

HANDPUPPEN fürs Kasperletheater

Aus Schaumstoff und Textilien selbst gestalten

Eulen Verlag

Fotos und Zeichnungen: Wybke Murmann
Einbandgestaltung: Klaus Eschbach
Satz: Fotosetzerei G. Scheydecker, Freiburg i. Br.
Reproduktionen: Rete Repro, Freiburg i. Br.
Druck und Einband: Sebald Sachsendruck, Plauen
ISBN 3-89102-298-0

Bühne frei für Kasper und seine Freunde

Sind Sie als Kind auch so gerne ins Kasperletheater gegangen? Oder haben Sie mit Geschwistern und Freunden für die Nachbarschaft Kasperlestücke einstudiert und aufgeführt? Nun sind die eigenen Kinder oder Nichten und Neffen in diesem Alter. Meine Tochter bekam zu ihrem dritten Geburtstag eine sehr schöne, geschnitzte Kasperlepuppe geschenkt. Ich war begeistert! – bis es ans Spielen ging. Für die kleinen Hände meiner Tochter war der Holzkopf viel zu groß und zu schwer, mein Mann dagegen brachte seine Finger in Kopf und Kleiderhülle kaum unter, so daß eigentlich nur ich richtig mit der Puppe spielen konnte. Als schließlich die Kasperlepuppe quer durch das Kinderzimmer flog und statt Spielfreude eine dicke Beule am Kopf der Freundin entstand, kam mir die Idee, Handpuppen nach Art der Waldorfpuppen zu basteln.
Dies sind weiche, recht sparsam gestaltete Trikotpuppen, die mit Schafwolle ausgestopft werden. Sie sind bekannt aus der anthroposophischen Pädagogik der Waldorfschulen, begründet von Rudolf Steiner.
Kasperlepuppen müssen natürlich eine andere Ausdruckskraft haben als Schmusepuppen. Daher war es notwendig, bei der Gestaltung der Köpfe und Kostüme die spezifischen Charakterzüge der einzelnen Kasperlepuppen herauszuarbeiten.

Vom Götterkult zur Sesamstraße

Das Puppenspiel ist bei fast allen Kulturvölkern bekannt. Es kommt aus Asien und hat seine Ursprünge im Götterkult. So symbolisieren z. B. in Java Schattenspielfiguren der Wayang-Spiele die Geister der Ahnen. Auch die Marionettenspiele im antiken Griechenland dienten der Götterverehrung und waren Vorbild der römischen Figurenspiele. Von Rom kam das Puppenspiel nach Spanien und breitete sich weiter ins übrige Europa aus. Auch die deutschen Figurenspiele haben religiösen Ursprung; im heidnischen Kult stellten die Puppen Hausgötter dar.
Mit der Christianisierung Europas wechselte auch das Puppenspiel seinen Charakter. Nun wurde nicht mehr zur Ehre der Götter gespielt, sondern zur Unterhaltung und Informationsvermittlung. Im Mittelalter zogen Spielleute mit Puppentheatern umher und spielten auf Jahrmärkten volkstümliche Stücke.
Seine Blütezeit erlebte das Puppenspiel im 18. und 19. Jahrhundert. Spielgrundlagen waren Märchen, Sagen, Schwänke und Volksbücher. Oftmals wurden jedoch auch Possen gespielt, um die Obrigkeit zu kritisieren – zum Ärger der Landesherren!
Als zentrale Figuren des volkstümlichen Puppentheaters fungierten der Hanswurst – Vorbild des Kaspers – und der Teufel als Symbol des Bösen. Das berühmteste Puppenspiel ist das vom „Doktor Johannes Faust“. 1802 wurde als erstes Puppentheater mit festem Standort das „Hänneschen Theater“ in Köln gegründet.
Erst im Laufe des 19. Jahrhunderts entwickelte sich das Puppenspiel zum Kasperletheater und damit zum Kindertheater. Die Pädagogik entdeckte diese Kunstform im 20. Jahrhundert und machte sich das Puppenspiel in vielfältiger Form zunutze, so z. B. als „Verkehrskasper“, um den Kindern die Verkehrsregeln im Straßenverkehr zu vermitteln oder auch mit Stücken zur Hygieneerziehung. Puppenspiele werden außerdem in der Psychotherapie und Heilpädagogik eingesetzt.
Mit Ernie und Bert aus der „Sesamstraße“ oder „Opa Blaubär“ hat das Medium Fernsehen im Kinderprogramm neue Formen des Puppenspiels entwickelt. Sogar als Ausdrucksmittel der politischen Satire wird es zunehmend – nun für die Erwachsenen – genutzt.
Nach wie vor jedoch ist das ganz traditionelle Puppentheater mit seinen bekannten Spielfiguren weiterhin beliebt.

Puppenarten

Man unterscheidet Handpuppen, Stabpuppen und Marionetten. Letztere sind an Stäben oder Fäden von oben geführte bewegliche Gliederpuppen. Mit Hilfe des sogenannten Spielkreuzes der Marionette kann der Spieler sehr differenziert menschliche Bewegungsabläufe kopieren. Die Führung dieser Puppen verlangt jedoch viel spielerisches Können, so daß das Marionettentheater seinen Platz bei den Profis des Puppenspiels hat. Hand- und Stabpuppen dagegen erwachen auch in der Hand des Laien oder Kindes zum Leben.

Bei Stabpuppen ist der Kopf auf einen Stock fixiert, den die eine Hand des Spielers von unten bewegt, während die andere Hand die Gliedmaßen mit feinen Stäben führt. Die Bewegungen sind eingeschränkt und wirken dadurch etwas hölzern.
Eine Abart der Stabpuppe, die Marotte oder auch Narrenstab genannt, ist ein Holzstock mit Gesicht und Kleidung. Die Marotte ist das Vorbild der „Kochlöffelpuppe".
Die eigentlichen Handpuppen aber, unser guter alter Kasper und seine „Mitspieler", bestehen aus Kopf, Kleiderhülle und kurzen Armen, die der Spieler mit einer Hand bewegt. Handpuppen haben nahezu uneingeschränkte Bewegungsmöglichkeiten, sie können horizontal und vertikal bewegt werden. So unternehmen diese Puppen nicht nur „Traumflüge", sondern können auch „zur Hölle fahren", was für die Symbolik des Spiels besondere Bedeutung hat. Der Spieler hat außerdem die Möglichkeit, jederzeit mit dem Publikum in Kontakt zu treten und auf seine Aktionen zu reagieren. Dies verstärkt die eindringliche Wirkung des Kasperlespiels.
Ganz gleich, ob die Handpuppen nun aus einem Spielwarenladen stammen oder Spielfiguren bekannter Puppenbühnen sind: die Figuren des traditionellen Kasperletheaters sind sich sehr ähnlich, da sie Typen darstellen oder sogar auf sogenannte Archetypen reduziert sind. So ist der Kasper immer als solcher erkennbar: er ist der lustige Kerl, der Schelm mit Zipfelmütze und Glöckchen dran. Der Teufel dagegen hat ein rotes Kleid, schwarze Haare, Hörner und einen Schwanz. Gretel und Seppel sind liebe, freundliche Kinder. Die Spielfiguren verkörpern entweder das Gute, das Böse, das Naive usw. So sind die einzelnen Figuren sogar vom ganz jungen Kind sicher zu unterscheiden.
In diesem Buch wird gezeigt, wie Handpuppen mit weichen, textilbezogenen Köpfen hergestellt werden. Die Gesichter sind mit Textilfarbe gemalt, der Körper besteht aus einer Kleiderhülle.
Ich beschreibe hier den Arbeitsablauf für das Basteln dieser Handpuppen und gebe dabei Hinweise für die Ausgestaltung spezieller Puppencharaktere. Abbildungen meiner Puppen zeigen das Ergebnis und geben Anregungen für Ihr eigenes Gestalten.

Material

Bevor wir mit der Arbeit beginnen, stellen wir unser Bastelmaterial zusammen. Vieles findet sich in der Restekiste, manches jedoch wird jedoch auch im gut sortierten Haushalt fehlen. Wir brauchen für:

Hals: eine Röhre, ca. 7 cm lang, Durchmesser ca. 2,5 cm (z.B. Papprollen von Haushaltsfolien, Geschenkpapier, Verbandsmaterial etc. oder auch Kunststoffröhren von Brause- oder anderen Tabletten)

Kopf: einen Softball oder Schaumstoffblock (8 × 8 × 10 cm) oder Schaumstreifen (2–3 cm dick, 8–10 cm breit, ca. 45 cm lang)

Überzug für den Kopf: Schlauchverband Nr. 2 oder 3, ca. 30 cm (ersatzweise Schaft alter Socken),
Puppentrikot: hautfarbener glatter Baumwolljersey, ca. 30 × 30 cm.
Baumwolljersey in anderen Farben für spezielle Figuren: schwarz = Neger, gelb = Chinese, weiß = Gespenst, bunt für Fantasiepuppen).
Textilklebeband, Zwirn oder anderen festen Faden

Nase: Holzperle, Flaschenkorken, oder auch Schaumstoff mit Trikotüberzug (Reste)

Gesicht: Stoffmalfarbe (z. B. von Marabu, Pelikan, Deka, ÖkoNorm u. a.)
Stoffmalstifte (z. B. von Edding, Pelikan u. a.)
Puderwangenrouge (aus der Kosmetik)

Haare: Wolle, Baumwolle, evtl. auch Webpelz oder Fell

Kleidung: Stoffreste in möglichst bunten Farben
(auch gebrauchte Textilien z. B. Kinderkleidung)
Bänder, Litzen, Borten
verschiedene Knöpfe

Arbeitsmittel

Nähmaschine
Nadeln (möglichst lange Stopfnadel)
kleine Zange
feiner Pinsel
Heißklebepistole (ersatzweise sonstiger Kleber)
elektrisches Haushaltsmesser (ersatzweise sehr scharfes Messer, z. B. Brotmesser)

Abb. 1

Softball kreuzweise einschneiden

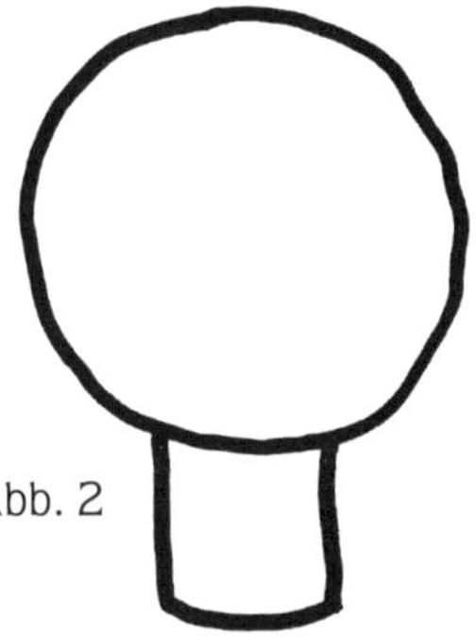

Abb. 2

Halsröhre mindestens 3 cm tief in die vorgeschnittene Öffnung hineinstecken

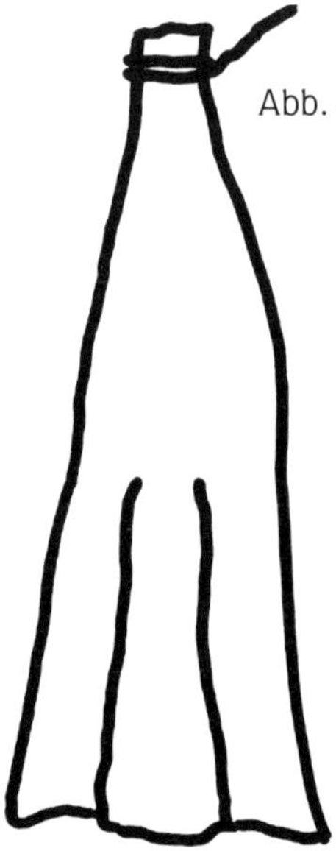

Abb. 4

Schlauchverband an einer Seite fest abbinden

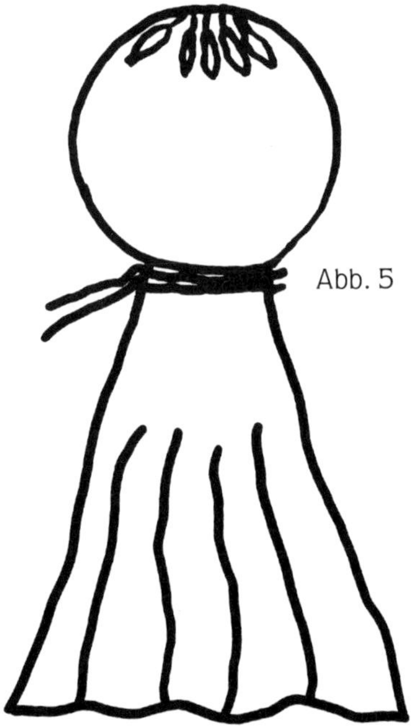

Abb. 5

Der umgestülpte, abgebundene Schlauchverband wird über den Kopfrohling gezogen und am Hals erneut abgebunden

Montage von Hals und Kopf

Der Kopf läßt sich am einfachsten aus einem Softball herstellen. Dieser wird kreuzweise eingeschnitten (Abb. 1). Dabei den Schaumstoff außen nur ca. 2–3 cm einritzen, die Scherenschenkel hineinbohren und die Öffnung in der Tiefe stumpf vergrößern durch Auseinanderziehen der Scherenschenkel. In diese Öffnung wird die Halsröhre mindestens 3 cm tief hineingesteckt (Abb. 2).
Damit haben wir einen sehr ebenmäßigen, runden Kopftyp, der sich besonders für die niedliche, liebe Puppe eignet. Gut lassen sich hiermit Prinzessin, kleine Mädchen, gute Feen gestalten.
Wird für die Kopfgestaltung ein Schaumstoffblock verwendet, dann ist ein Zuschnitt erforderlich (Abb. 3a und 3b), d. h. alle Kanten werden mit einem elektrischen Messer abgerundet. Befestigt wird der Kopf dann ebenso wie beim Softball beschrieben.
Möchte man einen Schaumstoffstreifen verwenden, so sollte dieser ca. 45 cm lang und 8–10 cm breit zugeschnitten und dann fest auf die oberen 4 cm der Halsröhre gewickelt werden.
Befestigt wird der Schaumstoff durch einen sehr straffen Schlauchverband oder auch Sockenschaft, der darüber gezogen wird (Abb. 4 und 5).

Abb. 3a

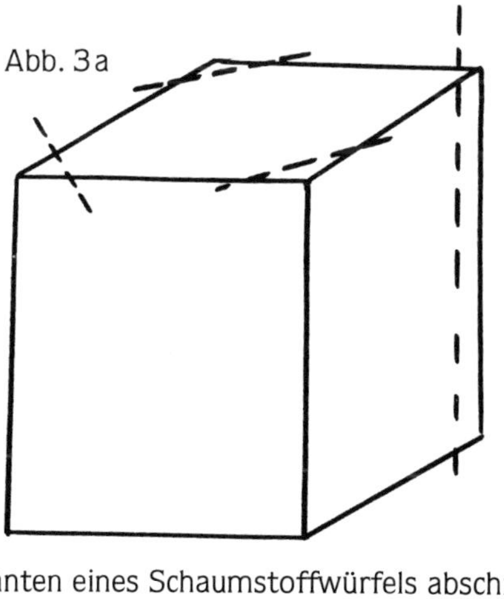

Längskanten eines Schaumstoffwürfels abschneiden

Abb. 3b

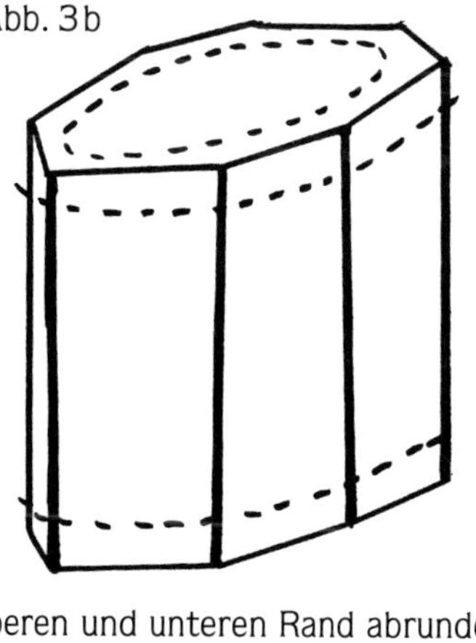

oberen und unteren Rand abrunden

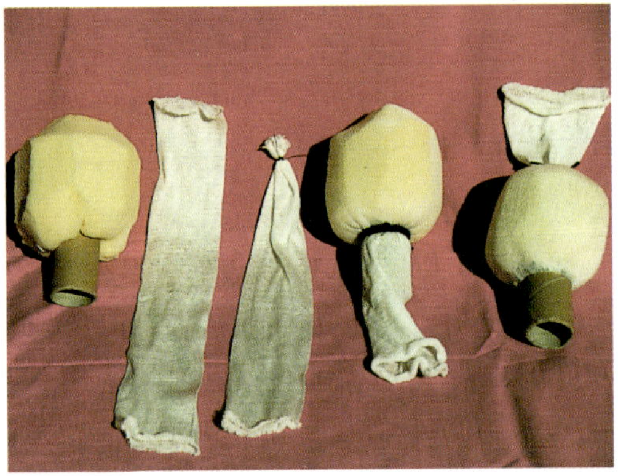

Bei manchen Puppentypen eignet sich für die Gestaltung des Gesichts auch die Verwendung einer Schaumstoffplatte. Hier kann insbesondere die Kinnpartie geformt werden. Man schneidet dafür eine Schaumstoffplatte zu (ca. 8 × 10 cm), die man auf das Ende des auf die Halsröhre gewickelten Schaumstoffstreifens legt (provisorisch mit Stecknadeln feststecken). Auch hier wird durch einen Schlauchverband oder Socken fixiert.

Zur Gestaltung der Kinnpartie wird die Gesichtsplatte entsprechend zugeschnitten (Abb. 6a–c). Soll die Puppe ein sehr langes Kinn bekommen – so etwa König Drosselbart – muß der Trikotüberzug entsprechend abgenäht werden.

Alle Kopfkonstruktionen erhalten einen Überzug aus einem ca. 30 cm langen Schlauchverband oder Sockenschaft (wie oben beschrieben, Abb. 4 und 5). Dieser wird am Röhrenansatz abgebunden und erneut gewendet (Abb. 7), so daß ein doppelter Schlauchverband auf dem Schaumstoffrohling sitzt. Oben wird ein drittes Mal abgebunden, der überstehende Schlauchverband auf 2–3 cm zurückgeschnitten und mit der Hand vernäht.

Abb. 6a

Grundform der Gesichtsplatte

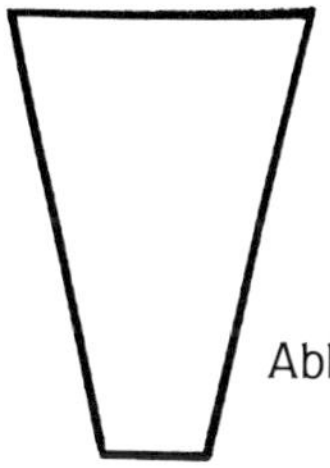

Abb. 6b

Gesichtsplatte für dreieckige Gesichtsform

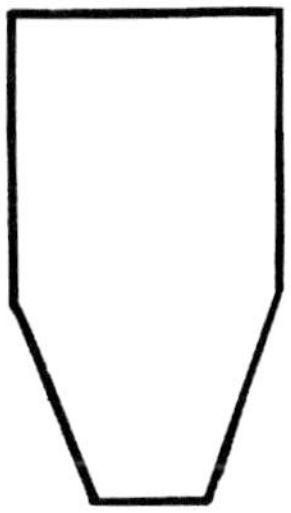

Abb. 6c

Gesichtsplatte für lang ausgeprägtes Kinn

Abb. 7

Schlauchverband erneut wenden und am Oberkopf abbinden (doppelter Überzug)

Gestaltung der Kopfproportionen (Abbindetechnik)

Ungefähr 1 m Zwirn 2–3 mal waagerecht in Augenhöhe um den Kopf wickeln und so fest abbinden, daß die Augenvertiefung entsteht (Abb. 8). Dabei ist zu beachten: Die Höhe der Augenlinie ist für den Charakter der Puppe entscheidend! Befindet sie sich in der Mitte bzw. unteren Hälfte, entsteht ein kleines Gesicht, das unserem „Kindchenschema" entspricht und sich für freundliche, kindliche Figuren anbietet. Befindet sich die Augenlinie dagegen oberhalb der Kopfmitte, entsteht ein großes Gesicht, das sich für „erwachsene" Puppen wie König, Zauberer oder Räuber eignet. Mit einem weiteren Zwirnsfaden (ca. 1 m) senkrecht am Ohrenansatz abbinden. Den Zwirn dabei vorn am Halsrohr vorbeiführen und die Kreuzungsstelle mit der Augenlinie festnähen, so daß der Zwirn nicht mehr abrutschen kann (Abb. 9). Nun wird die hintere Hälfte des waagerechten Fadens zum Halsrohr heruntergezogen, so daß die Zwirnsfäden jeweils vor und hinter der Halsröhre liegen (Abb. 10). Durch diese Bandverschiebung entsteht ein gut proportionierter Hinterkopf.

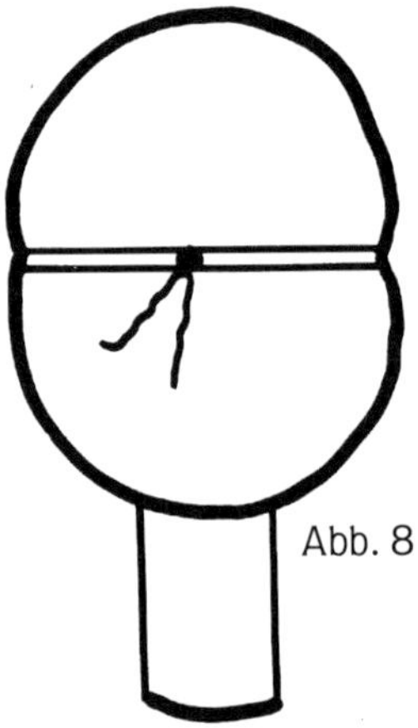
Abb. 8

Mit Zwirn 2–3 mal waagerecht in Augenhöhe abbinden

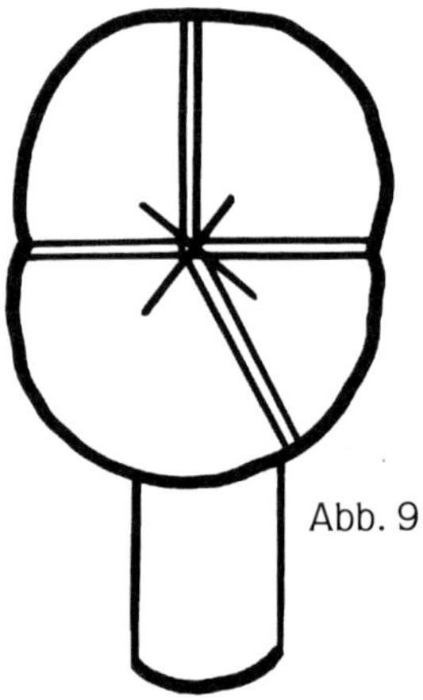
Abb. 9

Mit Zwirn 2–3 mal senkrecht am Ohrenansatz abbinden, Kreuzungsstelle mit einigen Stichen fixieren

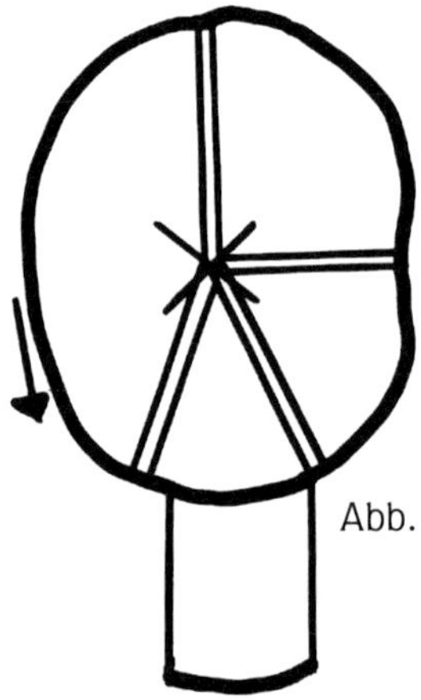
Abb. 10

Die hintere Hälfte des waagerechten Faden zum Halsansatz herunterziehen

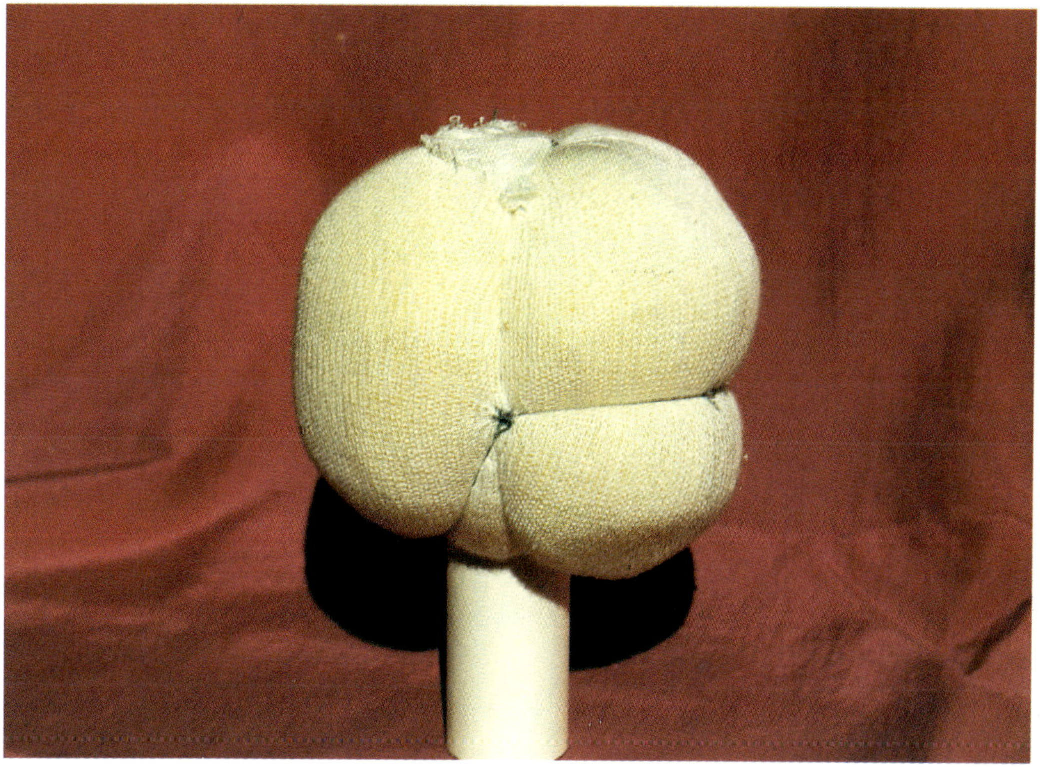

So sieht der Schaumstoffrohling dann aus, mit einem Überzug aus Schlauchverband und fertig abgebunden.

Kasperle

König und
Diener

Nase

Zur Gestaltung der Nase wird eine Perle oder ein Korkzuschnitt in der Gesichtsmitte unterhalb der Augenlinie fest angenäht (Abb. 11). Holzperlen eignen sich für freundliche, kindliche Gesichter, Korknasen dagegen mehr für „Charakterköpfe". Korknasen werden aus einer 3 – 4 mm dicken Korkplatte mit einem scharfen Messer zugeschnitten. Spitze Nasen (Abb. 12a) haben neugierige Typen, z. B. der Kasper; lang nach unten gebogene Nasen (Abb. 12b) eignen sich für den Diener, den Zauberer oder die Hexe. Breite, etwas nach unten gesenkte Nasen (Abb. 12c) lassen einen grobschlächtigen Typ entstehen, etwa einen Räuber oder Zauberer, während nach oben gebogene Nasen (Abb. 12d) Stolz symbolisieren und sich z. B. für den Prinzen eignen oder ähnliche Figuren.
Weiterhin ist es möglich, weiche Nasen herzustellen, die aus einem Trikotsäckchen, mit Füllmaterial gestopft, entstehen. Diese werden nachträglich auf den Trikotkopfüberzug genäht.

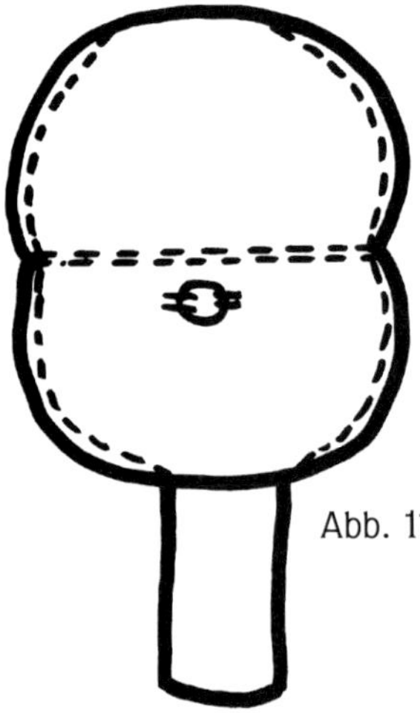

Abb. 11

Perle als Nase annähen

Abb. 12a–d

Unterschiedliche Nasenformen (Korkzuschnitte)

Die gute Fee

Trikotüberzug für das Gesicht

Trikot (ca. 30 × 30 cm) anhand des Kopfes so zuschneiden (Abb. 13), daß nach Schließen der rückwärtigen Naht der Überzug fest dem Schaumstoff aufliegt, ohne Falten zu werfen. Ist der Trikotstoff sehr dünn, so daß die Perlennase zu stark durch den Stoff durchschimmert, ist ein doppelter Trikotüberzug ratsam. Die Nähte auf dem Oberkopf per Hand schließen (Abb. 14).
Trikot am Halsansatz fest abbinden und auf Länge der Halsröhre zurückschneiden. Trikotunterkante mit Textilklebeband innen an der Halsröhre festkleben.

Abb. 13

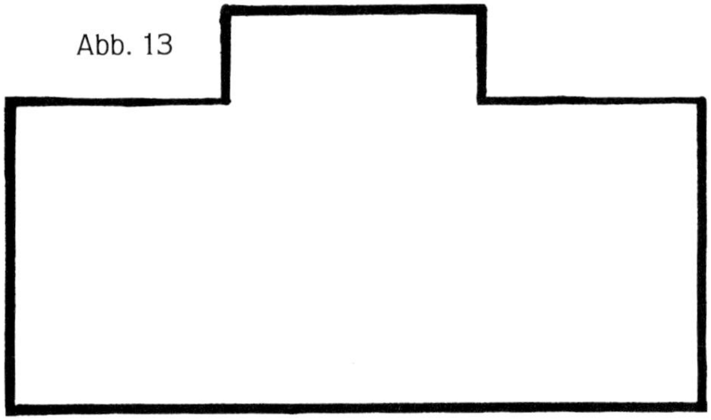

Schemaschnitt des Trikotüberzuges für das Gesicht

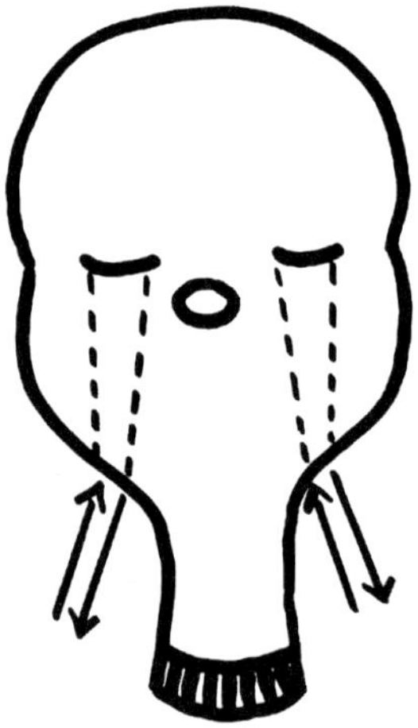

Abb. 15

Formen der Augenhöhlen
(Einstich und Stichverlauf)

Abb. 14

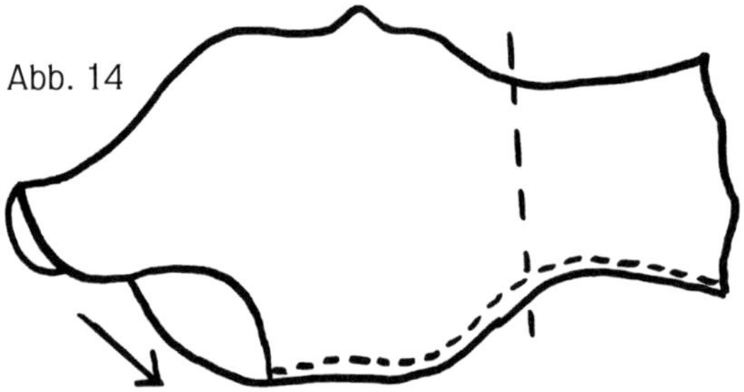

Nahtverläufe am Trikotüberzug für das Gesicht

Rechte Seite:
Zauberer

Augenhöhlen

Mit doppeltem Zwirn (ca. 1 m), langer Stopfnadel und einer kleinen Zange vom hinteren Halsansatz aus, die Augenlinie treffend, den Kopf durchstoßen und im Abstand von 2 – 6 mm wieder zurücknähen, dabei dicht an der Einstichstelle wieder ausstechen. Faden so fest anziehen, daß eine Vertiefung entsteht und Fadenenden verknoten. Dies an der anderen Gesichtshälfte gegengleich wiederholen (Abb. 15). Achtung: die Tiefe der Augenhöhle, die Stichbreite und der Augen-Nasen-Abstand sind für den Puppencharakter wichtig! Flache Augenhöhlen, kleine Stiche und gleichmäßige Augen-Nasen-Abstände lassen ein schönes Gesicht entstehen. Enger stehende Augen lassen es niedlich werden, breitere Abstände grober. Sehr tiefe Augenhöhlen führen zu einem verschlagenen Ausdruck.

Haare

Die von den Waldorfpuppen her bekannte Technik, Haare durch enge Schlingenstiche (Abb. 16) auf dem gesamten Oberkopf aufzusticken, ist für Kasperlepuppen nur bedingt empfehlenswert. Befestigt man so das ganze Haar, wird der Schaumstoff am Oberkopf zerrissen, außerdem entstehen oft Löcher im dünnen Puppentrikot, wenn man etwas dickeres Garn verwendet.
Besser ist es, Perücken anzufertigen. So kann z.B. aus Bouclégarn oder auch anderen Wollqualitäten eine enganliegende Haarmütze gehäkelt werden, die dann auf den Kopf genäht wird.

Diese Haartracht eignet sich für kurzhaarige Puppen (z. B. Diener). In eine solche Häkelmütze können aber auch längere „Haare", also Wollfäden, eingeknüpft werden (Abb. 17).
Eine weitere, sehr effektive Technik ist es, Wollfäden auf Stoffstreifen aufzunähen. Dafür wird Wolle entsprechend der gewünschten Haarlänge locker gewickelt und mit Zickzackstich auf schmale Streifen genäht (Abb. 18). Soll die Puppe Zöpfe bekommen, wird der Streifen am Scheitel befestigt. Im Schlingenstich wird nur noch Pony und äußerer Haarkranz aufgestickt (Abb. 19).

Abb. 16 Schlingenstich

Abb. 17 Knüpfknoten

Abb. 18

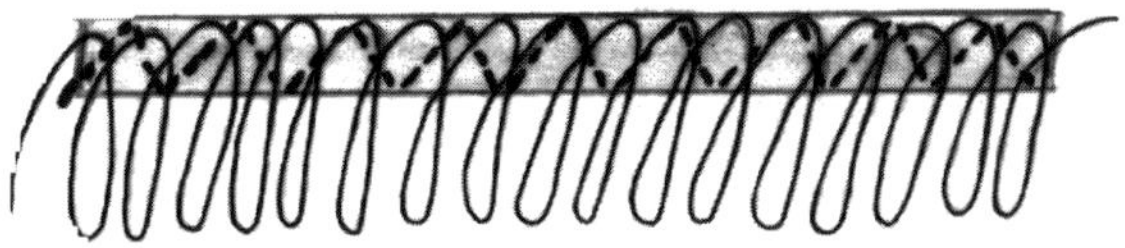

Wollfäden mit Zickzackstich
auf Stoffstreifen nähen

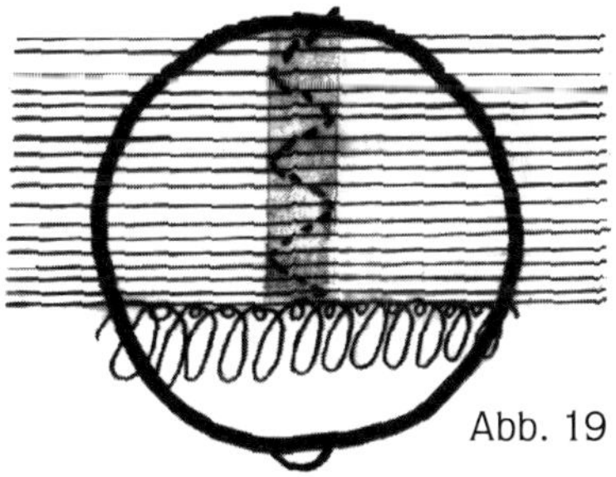

Abb. 19

Fertigen Haarstreifen in
Scheitelhöhe festnähen, Pony mit
Schlingenstich befestigen

linke Seite:
Pippi Langstrumpf

Für Hochfrisuren wird der Haarstreifen entlang des Haaransatzes aufgenäht. In diesem Fall empfiehlt es sich, das Garn für die Haare auf elastischen Stoff (z. B. Trikotreste) zu nähen. Auch hier wird der Pony extra aufgestickt und die Fäden des Haupthaares zum Pferdeschwanz gekämmt. Diesen dann locker zum Knoten schlingen und mit einigen Stichen befestigen. Solche Haarstreifen lassen sich gut mit Kopfbedeckungen kombinieren. So kann man den unteren Rand einer Zipfelmütze mit dem Haarstreifen versehen und dann beides zusammen mit Handstichen auf dem Kopf festnähen. Der endgültige Haarschnitt erfolgt, wenn alles an der richtigen Stelle befestigt ist.
Perücken kann man auch aus echtem Fell oder Webpelz nähen. Ein Kreis von ca. 16 cm Durchmesser wird mit 4 – 8 kleinen Abnähern versehen, je nach Kopfform (Abb. 20). Auch hier wird ein äußerer Konturschnitt vorgenommen und die Perücke mit Handstichen festgenäht.
Natürlich gibt es auch fertige Puppenperücken zu kaufen. Es gibt sie in verschiedenen Größen, so daß man den Puppenkopf zur Anprobe mitnehmen sollte.
Experimentieren Sie mit den Puppenhaaren! Es eignen sich nahezu alle Garne: dünne, dicke, glatte, Angora, Mohair, Baumwolle, Bouclé usw. Sehr schöne Effekte ergeben auch aufgeribbelte Garne. Es sind viele Farben verwendbar. Außer den üblichen Haarfarben Gelb oder Beige (für Blond), Braun, Schwarz, Rot, Grau, Weiß, kann man auch Grün und Blau – z. B. für einen Wassermann – verwenden. Lila oder pink dagegen könnten die Haare von Feen, Zauberer, Hexe sein. Ihrem Einfallsreichtum sind keine Grenzen gesetzt!

Abb. 20

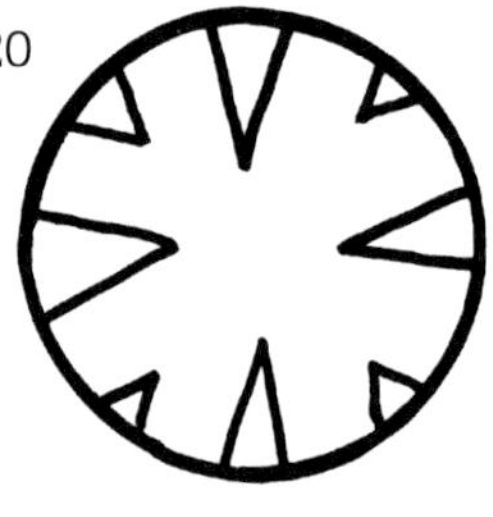

Schemaschnitt für Perücke aus (Web-) Pelz mit 4 – 8 Abnähern

Rapunzel

Das Bemalen des Gesichts

Die spezifische Ausdruckskraft gewinnt der Puppenkopf erst durch die Bemalung. Wichtig sind vor allem die Augen. Aber auch der Mund und andere kleine Details – Sommersprossen, Warzen, Runzeln – sind von entscheidender Bedeutung. Die Ausgestaltung der Gesichter ist abhängig von der Entfernung der Puppenbühne zum Publikum; je größer der Abstand der Puppe zum Betrachter ist, umso größer und deutlicher, fast überzeichnet, müssen die Gesichtsstrukturen sein. Möchte man jedoch direkt vor den Augen des Kindes spielen – z. B. für Gute-Nacht-Geschichten –

reicht das Andeuten der Gesichtszüge. Für den Hausgebrauch empfiehlt sich der Mittelweg: die Handpuppe sollte von Nahem gefallen, aber auch in einem Abstand von 2 – 3 m sollten die Gesichter gut erkennbar sein.
Sie benötigen folgende Farben: Rot für den Mund, Blau, Braun oder Schwarz für Iris und Pupillen, Weiß für den Augapfel und Glanzpunkte, Braun für Augenbrauen (Stoffmalfarben s. Materialverzeichnis).
Dickflüssige Farben müssen unbedingt vor dem Gebrauch so verdünnt werden, daß feine Strichzeichnungen möglich sind. Dies sollte man auf alten Trikotresten vor Beginn der Bemalung ausprobieren.
Abb. 21 zeigt Ihnen Beispiele, wie die unterschiedliche Anordnung von Augen, Augenbrauen, Nase und Mund den Gesichtsausdruck entscheidend bestimmt.

Abb. 21

linke Seite:
Till Eulenspiegel

Beispiele für unterschiedlichen Gesichtsausdruck

Augen

Der Augenmittelpunkt ist durch Fadenvertiefung vorgegeben. Beginnen Sie damit, die Iris zu malen und zwar vom Mittelpunkt aus, beide Augen parallel, ganz langsam größerwerdend. (Abb. 22a) Kontrollieren Sie die Wirkung ständig aus der Nähe und Entfernung. Wie schon eingangs erwähnt, richtet sich die Augengröße nach der Distanz zum Betrachter.
Wenn wir die Augenbegrenzung (Lidrand) zeichnerisch darstellen, wird der Charakter der Puppe stärker herausgearbeitet. Bei sehr lieben Figuren reicht es häufig, die Iris mit zwei weißen Punkten am Augeninnen- und außenrand zu versehen und die Brauen nur anzudeuten. (Abb. 22b)
Mit der Begrenzung des Auges legen wir die Augachse fest. Eine fallende Achse eignet sich für alte Figuren oder solche, die müde erscheinen sollen, gerade oder nur leicht steigende Achsen für fröhliche offene Gesichter, stark ansteigende Achsen strahlen dagegen Skepsis oder Verschlagenheit aus (Abb. 23).
Mit einigen Tricks bzw. Abstraktionen läßt sich leicht der gewünschte Charakter ausdrücken: z. B. das Betonen der oberen Augenhälfte (Abb. 24a) bei positiven Figuren und das der unteren Hälfte bei negativen Figuren. (Abb. 24b) Die Reduktion des Auges auf ein offenes Dreieck eignet sich z. B. für einen Zauberer. Augen wirken sehr lebendig, wenn man in die Iris eine schwarze Pupille mit einem weißen Lichtpunkt malt.
Die Augenbrauen unterstützen die Wirkung der Augen. Für die Richtung gelten dieselben Grundsätze wie für die Augachse. Wird in einem sehr großen Abstand zu den Augen gemalt, entsteht der Ausdruck der „hochgezogenen" Brauen. Unsymmetrische Brauen vermitteln den Eindruck des verwunderten oder verschmitzten Gesichtsausdruckes.

Abb. 22a

Malen des Auges: mit langsam größer werdender Iris beginnen, dann Lidrand und Lichtpunkte zeichnen

Abb. 22b

einfache Augenzeichnung (Iris mit angedeuteten Brauen)

Abb. 23

Augenachse und Augenbegrenzung

Abb. 24a

Darstellung der oberen Augenhälfte bei positiven Figuren

Abb. 24b

Darstellung der unteren Augenhälfte bei negativen Figuren

Dornröschen

Mund

Beim Malen des Mundes sollte man mit einem dünnen Strich beginnen und millimeterweise Ober- und Unterlippe herausarbeiten (Abb. 25), dabei immer die Wirkung kontrollieren! Nach oben gezogene Mundwinkel lassen das Gesicht freundlich erscheinen, nach unten weisende traurig. Ein dünner schmallippiger Mund führt zu einem verkniffenen Gesichtsausdruck, ein offener Mund wirkt frech, ein schräg stehender paßt zum Grimassen schneidenden Schlitzohr. Eine runde Form symbolisiert den Kuß- oder Schmollmund.
Bei besonders vorwitzigen Figuren sieht man sogar die Zungenspitze oder die Zähne.

Abb. 25 Herausarbeiten von Ober- und Unterlippe

Weitere Gestaltungspunkte

Wangenrouge:	Gehen Sie ruhig großzügig mit Puderrouge um, dieses läßt die etwas flachen Gesichter plastischer erscheinen. Bei einigen Figuren ist sogar eine rote Nase empfehlenswert (Räuber, Weihnachtsmann, Kasper).
Sommersprossen:	Viele kleine rötliche oder braune Punkte im Nasen- und Wangenbereich
Warzen:	einzelne unregelmäßige dunkle Flecken (Hexe)
Falten:	dünne dunkle Linien auf der Stirn und an den Nasenflügeln als Zeichen des Alters – an Auge und Mund als Lachfalten für freundliche Gesichter
Bart:	ganz feine dunkle Punkte um den Mundbereich als Stoppelbart (Räuber) – fein ausgezeichneter Bart (Schnäuzer) – aus Fell; dann können auch die Augenbrauen aus Fell sein (Greis, Weihnachtsmann).

Hinweise für spezielle Köpfe

Ausarbeitung einer langen Kinnpartie

Ein mehr oder weniger stark hervortretendes Kinn ist bei einigen Charakterköpfen empfehlenswert, vor allem bei den männlichen erwachsenen Figuren, wie König, Diener, Räuber, aber auch bei der Hexe.
Hierzu stellt man einen Kopfrohling mit Gesichtsplatte her. (s. S. 15, Abb. 6). Wird das Kinn nur etwas betont, reicht es, die Überzüge aus Schlauchverband und Trikot etwas lockerer zu arbeiten, so daß das Kinn etwas hervortritt. Möchte man dagegen ein sehr vorspringendes Kinn, überzieht man den Schaumstoff nicht mit Schlauchverband, sondern näht extra einen Trikotüberzug. Dieser wird in Stoffbruch entlang der gepunkteten Linie (Abb. 26) abgenäht, dann dem Kopf in der Weite angepaßt und schließlich hinten geschlossen. Nun werden die Gesichtsproportionen mit der Abbindetechnik festgelegt, dann wird die Nase befestigt und ein zweiter endgültiger Trikotüberzug wie beschrieben angebracht (Abb. 27).

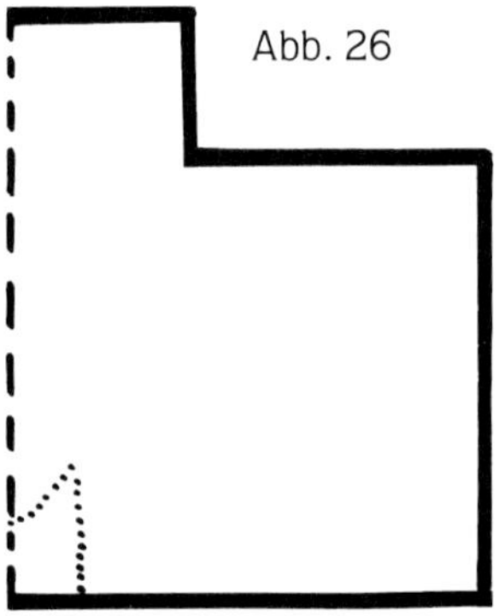

Abb. 26

Schemaschnitt für Trikotüberzug
bei Köpfen mit langem Kinn

Abb. 27

Nahtverlauf im Trikotüberzug
bei Köpfen mit langem Kinn

Diener Franz

Betonung der Backen
(Pausbacken)

Der Kopf wird wie bisher beschrieben vorbereitet, bis hin zum letzten Trikotüberzug, der hinten etwas lockerer geschlossen wird. Bevor der Trikot am Oberkopf und Halsansatz fixiert wird, schiebt man etwa haselnußgroße Bällchen aus Füllmaterial (synthetische Füllwatte oder Schafwolle) mit einem Löffelstiel rechts und links neben der Nase zwischen die Überzugsschichten.
Nun wird mit einem hautfarbenen Faden eine Naht rund um den Nasenansatz gelegt, die Schlauchverband und Trikot erfaßt, so daß sich der Trikot zwischen Nasenflügel und Backen nicht abhebt (Abb. 28).

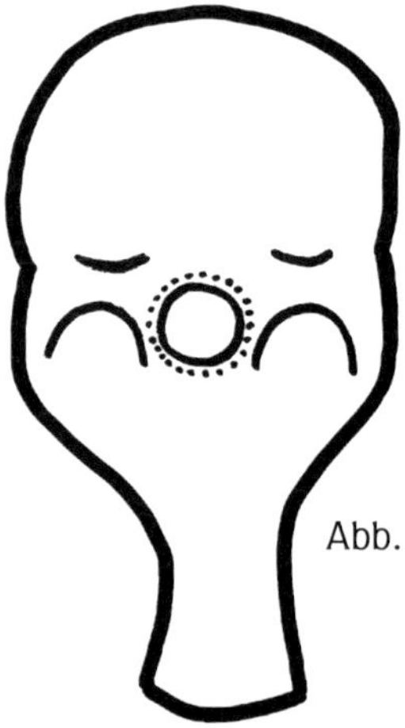

Betonung der Backen
(Pausbacken)

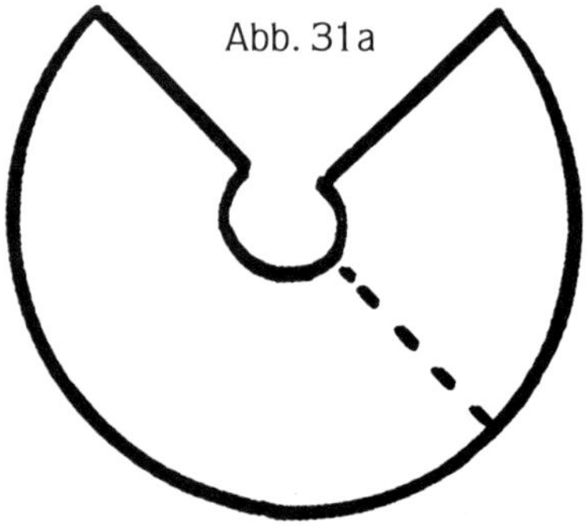

Schemaschnitt Umhang

Kleidung

Nun sind wir soweit, daß wir zu den fertigen Köpfen Körper gestalten können, die aus einer Kleiderhülle bestehen. Zwei Grundschnitte finden Sie dazu in Abb. 30a und 30b. Schneiden Sie das erste Kleid vorsichtshalber aus einem Rest zu, heften Sie es und befestigen es provisorisch am Kopf. Nun lassen Sie die Hand probieren, die mit der Puppe spielen soll. Es kann sein, daß dieser Schnitt für Männerhände zu klein, für schlanke Frauen- oder Kinderhände aber zu groß ist. Ändern Sie den Schnitt entsprechend der Anprobe (Karoraster verändern). Ebenso verhält es sich mit der Kleiderlänge. Wenn Kinder mit den Puppen spielen sollen, genügt eine Länge von 20 – 25 cm, für Erwachsene dürfen es ruhig 40 – 50 cm sein.
Nun haben Sie Ihren eigenen passenden Grundschnitt, nach dem Sie alle weiteren Kostüme anfertigen können. Den Grundschnitt für ein Kleid brauchen wir zweimal im Stoffbruch (gestrichelte Linie). Die Hände der Puppen werden je nach Wunsch mit oder ohne Daumen viermal aus Trikot oder Filz zugeschnitten (Abb. 29a und b). Sie werden den Sternchen entsprechend an Vorder- und Rückenteil des Kleides genäht. Das Kleid dann rechts auf rechts zusammensteppen, dabei den Halsausschnitt offen lassen.
Das Kleid wird auf den Hals gesteckt, dabei die obere Kante umschlagen, und mit Handstichen am Halstrikot befestigt. Ist der Halsausschnitt zu weit geraten, kann man einige Falten einlegen und ihn so auf die richtige Weite bringen.
Beim Zusammenstellen der Kostüme ist Ihrem Ideenreichtum keine Grenze gesetzt. Es genügt, die Kleider alle aus einheitlichem, buntem oder auch einfarbigem Stoff zu nähen. Aber mit einfachen Mitteln können daraus „Roben" werden. Garnieren Sie den Saum mit Borten und Spitzen, oder nähen Sie diese auf das Kleid selbst, so daß Träger oder Rüschen entstehen. Ein kleiner Stoffrest wird zur Schürze oder als Flicken aufgesetzt. Nähen Sie Knöpfe, Litzen oder Glöckchen an. All das macht die Kleidung lebendig. Sehr schöne Effekte lassen sich auch mit dem Raffen einzelner Kleidungspartien erzielen. Zu diesem Zweck nähen Sie gedehntes Gummiband oder Gardinenband auf und ziehen es auf die entsprechende Weite zusammen. So läßt sich z. B. die Schulterpartie raffen. Oder man schneidet den Grundschnitt sehr lang und weit zu und arbeitet in den Rock senkrecht 4 – 6 Streifen Faltenband ein. So entsteht ein Prinzessinnenkleid.

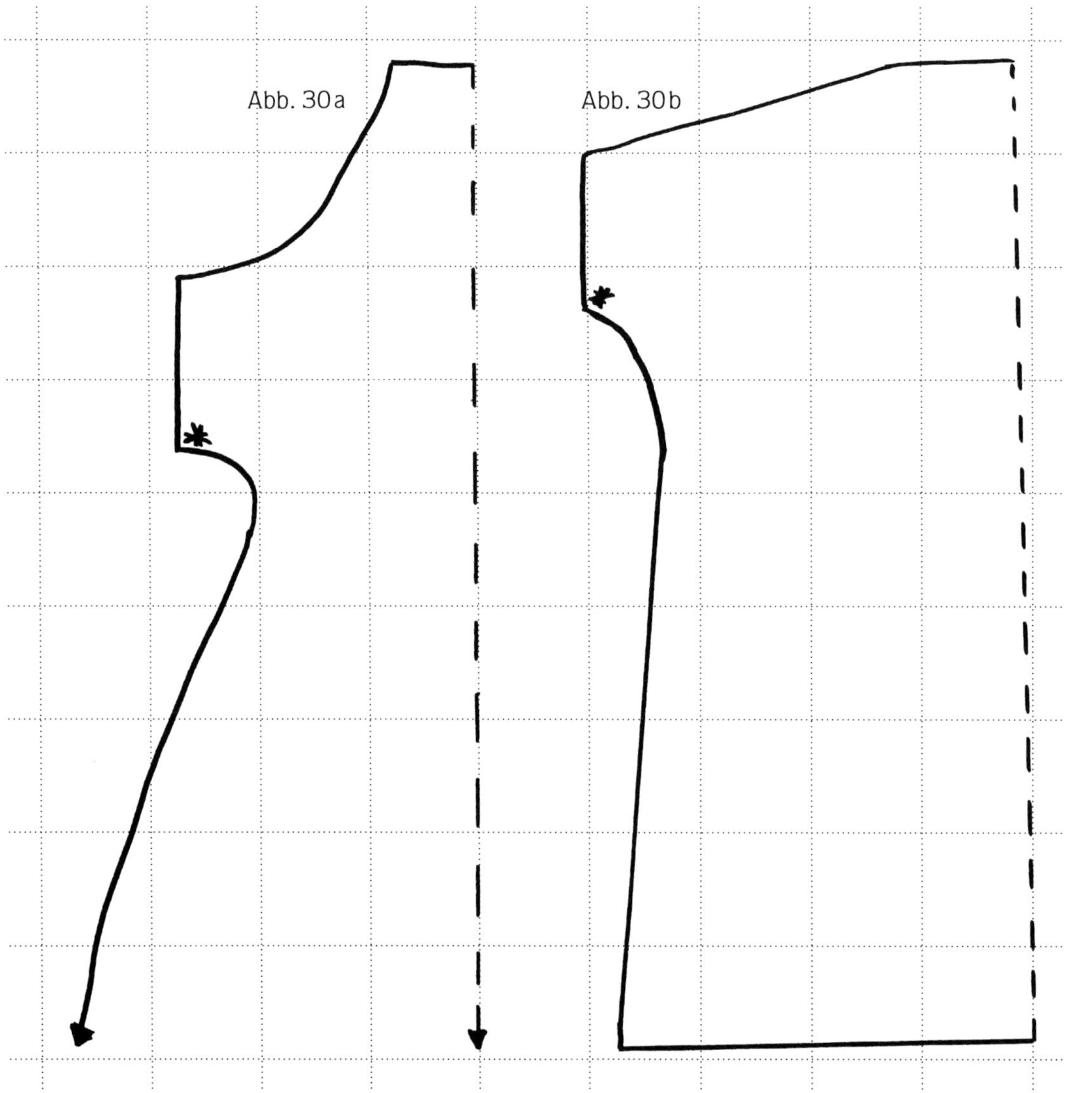

Schemaschnitt für Kleiderhülle.
Bei den Abbildungen mit Kästchenraster können Sie den Schnitt gleichmäßig entsprechend der gewünschten Größe der Puppe vergrößern.
(Original-Karogröße 3 × 3 cm)

Wassermann

Als Kragen verwenden Sie Spitzen aller Art. 30 – 40 cm werden mit einem Faden in Falten gezogen, einfach um den Hals gelegt und festgeknotet. Ebenso kann man mit einem Tüllstreifen verfahren. Einsteck- oder Taschentücher werden als Halstuch verwendet (zum Dreieck falten und die spitzen Enden durch eine große Holzperle ziehen).
Manchen Puppen steht ein Umhang gut. Dafür schneidet man einen Halb- oder Dreiviertelkreis mit einer Halsöffnung zu (Abb. 31a). Den Halsausschnitt säumen (Enden offen lassen), einen Ziehfaden in den Saum ziehen und mit diesem den Umgang am Hals befestigen. Die übrigen Ränder mit Spitze, Borte, Schrägstreifen oder Pelz einfassen – fertig ist der Königsmantel. Oder Sie nähen Filzsternchen oder Straßsteinchen auf – schon wird ein Zaubergewand daraus.

Kopfbedeckungen

Die meisten Kasperlepuppen wirken erst richtig mit einer Kopfbedeckung. Sehr schöne kleine Hüte kann man im Faschingsbedarf kaufen, z. B. Zylinder oder Cowboyhüte. Aber vieles kann man auch selbst herstellen:

Spitz- oder Zipfelmützen
Ein Kasper ohne seine lange Zipfelmütze? – Nein, das ist nicht vorstellbar. 1/4-Kreis (Abb. 31) mit einer Seitenlänge von 25 – 30 cm zuschneiden, Längskanten rechts auf rechts zusammensteppen, wenden, und säumen. Unteren Rand gegebenenfalls mit Borte verzieren und von innen Haarstreifen ansetzen. Innenrand der Mütze am Oberkopf festnähen und ein Glöckchen an der Mützenspitze befestigen.
Spitzhüte für Zauberer und Feen werden im Prinzip ebenso gearbeitet, sie sind aber kürzer und müssen verstärkt werden, damit sie hochstehen. 1/4-Kreis mit einer Seitenlänge von 15 – 20 cm aus Pappe zuschneiden, dem Kopf anpassen und ein ebenso großes Stoffstück mit Nahtzugabe zuschneiden. Längskanten zusammensteppen, Mütze wenden und Pappverstärkung einstecken. Saum von innen an der Pappe festkleben. Spitzhut garnieren, z. B. mit Tüllstreifen für Feen oder Sternchen und Sternzeichen für Zauberer. Innen Haarstreifen befestigen und am Kopf befestigen.

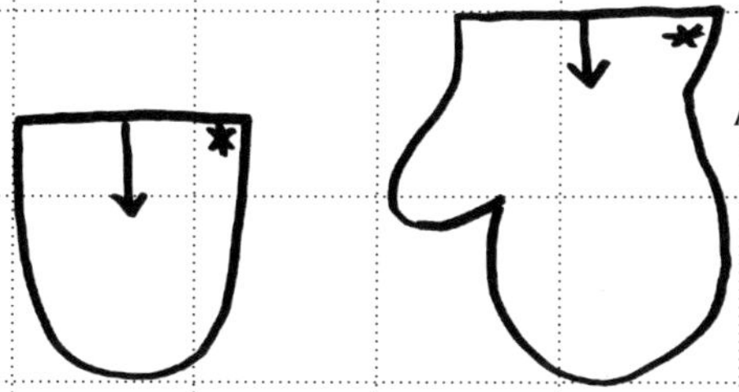

Abb. 29a

Abb. 29b

Schemaschnitt für die Hände

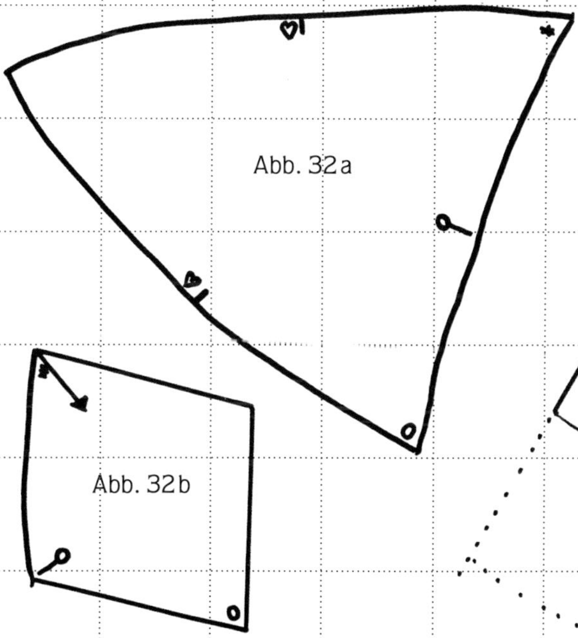

Abb. 32a

Abb. 32b

Schemaschnitt Mütze Till Eulenspiegel
(a Zipfelteil, b Mittelteil)

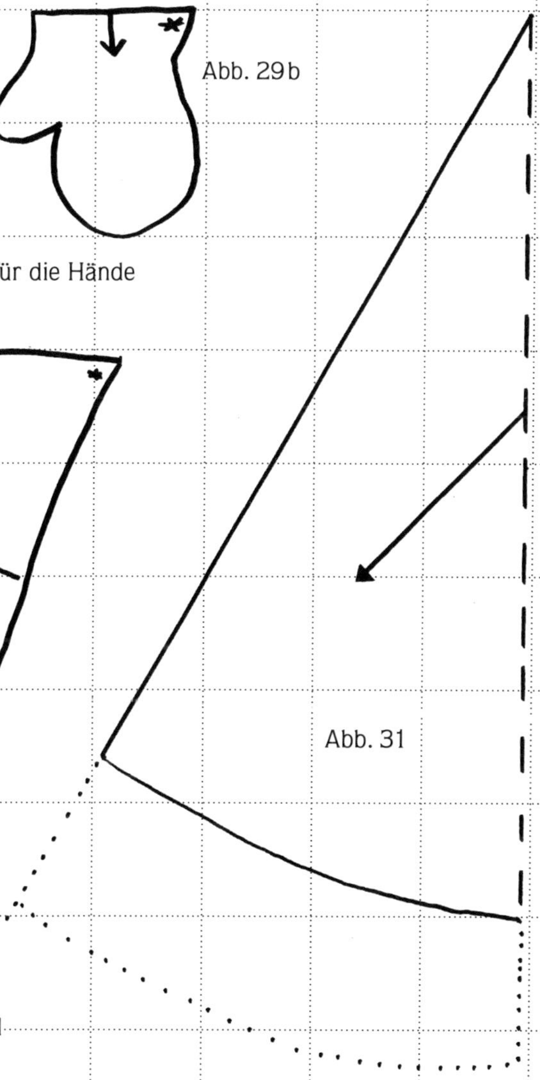

Abb. 31

Schemaschnitt Spitzhut/Zipfelmütze

Mütze Till Eulenspiegel

Auch Till bekommt eine Zipfelmütze, allerdings mit zwei Zipfeln. Schneiden Sie nach dem Schnitt (Abb. 32a/b) zweimal das Zipfelteil und einmal Mittelteil zu. Verbinden Sie Mittel- und Zipfelstücke gemäß der Nahtzeichen. Schließen Sie nun die Längsseiten der Zipfelspitzen bis zum Herzchen und wenden Sie die Mütze. Zipfelspitzen mit Füllwatte fest ausstopfen und auf dem Kopf festnähen.

Tücher

Oma oder Gretel bekommen ein Kopftuch. Dafür Stoffrest mit der Zackenschere auf ca. 30 × 30 cm zuschneiden oder Nickituch verwenden, zum Dreieck falten und unter dem Puppenhals oder im Nacken verknoten.

Baskenmütze

Schneiden Sie zwei Filzkreise mit einem Durchmesser von ca. 12 – 15 cm zu, in einen der Kreise kommt eine Öffnung im Durchmesser von 4 – 6 cm. Beide Teile werden rechts auf rechts zusammengesteppt, gewendet und der innere Rand mit Handstichen auf dem Kopf befestigt.

Chinesenhut

Hierzu verwenden wir gelbe Pappe oder beziehen die Pappe mit gelbem Filz. Pappkreis von 20 cm Durchmesser zuschneiden, hinten wird ein Schnitt bis zur Kreismitte ausgeführt. Beide Pappteile soweit übereinanderschieben, daß eine flachgewölbte Kopfbedeckung entsteht, Enden zusammentackern und auf dem Kopf festnähen oder kleben (Heißkleber).

Pudelmütze

Mit einem Nadelspiel einen Schlauch von ca. 7 – 8 cm Durchmesser und ca. 12 cm Länge im Bündchenmuster stricken (rechte und linke Maschen im Wechsel), oben zusammenziehen und mit einem Bommel verzieren.

Fez

Filzkreis von 6,5 cm Durchmesser plus Nahtzugabe und Filzstreifen von 6,5 cm Breite und 25 cm Länge zuschneiden. Streifen zur Runde schließen und Kreis oben einsetzen. In der Mitte des Kreises eine schwarze, gedrehte Kordel mit einer Troddel befestigen.

Kronen
Entweder fertige, kleine Krone im Faschingsbedarf kaufen oder aus ganz fester Metallfolie (Bastelbedarf) nach Schemaschnitt (Abb. 33) zuschneiden. Ränder durch Druckmuster verzieren und mit Straß oder bunten Steinen bekleben. Enden entsprechend der Kopfgröße zusammentackern und auf den Haaren befestigen.

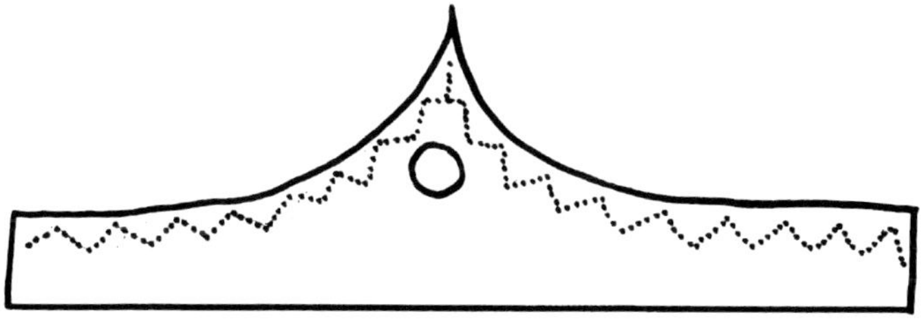

Abb. 33 Schemaschnitt Krone (Goldfolie)

Sonstige Requisiten

Kleine Stoffblumen:	für Haare, Kleider und Blumensträußchen von Prinzessinnen und schönen Müllerstöchtern.
Zauberstab:	besonders schön bedruckter oder bunt bekleber Bleistift (ungespitzt) oder Holzstab
Omas Strickzeug:	kleines Stück (ca. 5 × 5 cm) stricken, Maschen auf Zahnstocher kleben und mit Heißkleber an den Händen befestigen
Brille:	aus Blumendraht biegen
Ball im Netz:	alter Tennisball im Häkelnetz
Paket:	kleines Päckchen wie ein Post- oder Geschenkpaket verpakken
Zeitung:	aus Illustrierten zusammenkleben, 3 – 4 Blätter, 10 × 12 cm in der Mitte zusammennähen oder -kleben und zusammenfalten
Schulheft:	kleines Vokabelheft
Körbchen:	Bastel- oder Blumenbedarf
Schulranzen:	als Puppenzubehör kaufen.

Abb. 34 Beispiele für Kleidung

So, lieber Leser, nun habe ich hoffentlich Ihre Lust geweckt, Kasperlepuppen selbst herzustellen.
Einige Figurentypen gehören in das Standard-Puppentheater: Dazu gehört in jedem Fall der Kasper. Dieser braucht einen Freund, den Seppel oder eine Freundin, die Gretel. Ganz wichtig ist eine negative Figur, z.B. Zauberer, Teufel, Hexe oder Räuber. Die Fee kann eine gute oder böse Figur darstellen.
Alle weiteren Figuren sind von den Stücken abhängig, die Sie spielen möchten. Beliebt sind Großmutter, Polizist, König, Königin, Prinz und Prinzessin, Diener, Verkäufer, Müller und spezielle Figuren, wie Till Eulenspiegel, Pippi Langstrumpf oder der Pumuckel. Vollkommen eigene Figurenschöpfungen sind sehr schwierig und setzen meist selbst geschriebene Stücke voraus. Daneben sollte man vorsichtig sein, bei der Gestaltung von Puppen, die gute und böse Züge zugleich darstellen. Je ambivalenter die Figur ist, um so schwerer ist es für die kleinen Zuschauer, sie einzuordnen oder sich damit zu identifizieren. Auch Tiere gehören ins Kasperletheater. Da ihre Herstellung aber ganz anders ist, kann im Rahmen dieses Buches nicht darauf eingegangen werden.
Sollte es Ihnen einmal nicht glücken, eine gewünschte Kasperlefigur zu gestalten, z.B. weil es nicht gelingt, den entsprechenden Gesichtsausdruck zu malen, geben Sie nicht zu schnell auf und seien Sie offen für neue Ideen. Man bricht die Arbeit am „mißglückten" Kopf ab und legt diesen am besten für einige Tage in einen versteckten Winkel. Wenn man ihn dann wieder hervorholt, und ihn neutral betrachtet, läßt sich vielleicht ein anderer Charakter herausarbeiten. Dann wird es eben keine böse Hexe, sondern eine freundliche Großmutter oder umgekehrt. Sollte mal ein Auge mißglücken, fertigt man eine Augenklappe an und macht einen Seeräuber aus der Figur. Lassen Sie sich von Ihren „Fehlern" inspirieren! Manchmal werden gerade diese Figuren am interessantesten!
Nun haben Sie also einige Handpuppen und möchten spielen. Wenn Sie selber kein Stück schreiben wollen, finden Sie sicher genug Anregungen in Büchern. Egal was Sie spielen, beziehen Sie die Zuschauer mit ein, und zwar so oft wie möglich. Die Dialoge sollten kurz und verständlich sein, sowie laut und deutlich gesprochen werden. Für Kinder müssen die Stücke gut enden, die Geschichte selber sollte spannend und vor allem lustig sein. Wo führen wir das Spiel vor? Für Kinder gibt es viele Kasperletheater im Spielwarenhandel, die für uns Erwachsene aber nicht so

ideal sind. Geübte Heimwerker finden in Werkbüchern und Zeitschriften diverse Vorlagen. Eine Spielbühne ist aber auch für einen ungeübten Bastler leicht selbst herzustellen, z. B. mit einem Türreck (im Spielwarenhandel, für ca. 30 – 40 DM). Dieses wird so hoch in einen Türrahmen gespannt, daß der Spieler bequem dahinter stehen kann und mit erhobenen Händen die Puppen bewegt. Mit einem Laken oder einer Decke wird die „Bühne" verhängt und schon kann es losgehen. Fürs Kasperletheater ist auch ein Waldorfständer sehr praktisch. Dies ist eine variable Bühne, die auch als Kaufladen u. ä. genutzt werden kann. Der ganze Ständer kann auf einen Tisch gestellt werden und ist so auch für Erwachsene geeignet.

Biographische Daten

Wybke Murmann, geboren 1955 in Neuss am Rhein
Nach dem Abitur Studium der Tiermedizin in Gießen und Hannover, Promotion und 5 Jahre Tätigkeit in der Pathologie (Tierärztliche Hochschule Hannover).
Sie lebt seit 1986 in Gundelfingen bei Freiburg, 2 Kinder.
Kreativität und Basteln als Hobby, Leiterin verschiedener Kurse im Rahmen der Volkshochschule.

Weihnachtsmann

Bücher für Ihr kreatives Hobby

Monika Manns/Sandra Manns, **Spanschachteln kunstvoll bemalen**
64 S. mit 20 Farbb., Pp. ISBN 3-89102-188-7

Monika Manns, **Ostereier kunstvoll bemalen**
72 S. mit 20 Farbb., Pp. ISBN 3-89102-189-5

Iris Mühe, **Porzellanmalerei. Eine alte japanische Technik**
72 S. mit 32 Farbb., Pp. ISBN 3-89102-192-5

Margot Forlin, **Puppen aus Holz und Stoff selbst gestalten**
48 S. mit 20 Farbb., Pp. ISBN 3-89102-194-1

Marianne Brüssing, **Scherenschnitte phantasievoll gestalten**
75 S. mit 50 Abb., Pp. ISBN 3-89102-196-8

Gerda Nording-Schröter, **Pinselzeichnungen in der Art der ostasiatischen Malerei**
72 S. mit 43 Farbb., Pp. ISBN 3-89102-290-5

Monika Manns, **Ostereier. Malen – Ätzen – Färben – Kratzen**
48 S. mit 21 Farbb., Pp. ISBN 3-89102-292-1

Gerlinde Sondergeld
Künstlerpuppen aus Porzellan. Modellieren – Formenbau – Bemalen – Ankleiden
48 S. mit 27 Farbb., SW-Arbeitsfotos und Schnittzeichnungen, Pp. ISBN 3-89102-293-X

Marianne Brüssing, **Monogramme – Schneiden, Pausen, Kleben**
48 S. mit 39 Farbb., SW-Zeichnungen, Pp. ISBN 3-89102-294-8

Elisabeth Rausch, **Bildweben – Freies Weben ohne Rahmen**
48 S. mit ca. 20 Farbb., SW-Abbildungen, Pp. ISBN 3-89102-297-2

Wybke Murmann, **Handpuppen fürs Kasperletheater**
48 S. mit ca. 20 Farbb., SW-Abbildungen, Pp. ISBN 3-89102-298-0